Ole Könnecke

Anton
und seine Freunde

Carl Hanser Verlag

Unser gesamtes lieferbares Programm und viele andere Informationen finden Sie unter www.hanser-literaturverlage.de

3. Auflage 2024

ISBN 978-3-446-23918-0 | Alle Rechte vorbehalten | © Carl Hanser Verlag München 2012

Dieser Band enthält die folgenden Titel, die früher einzeln erschienen sind: »Anton und die Mädchen« (erstmals erschienen 2004) | »Anton kann zaubern« (erstmals erschienen 2006) | »Anton und die Blätter« (erstmals erschienen 2007)

Satz im Verlag | Druck und Bindung: Memminger MedienCentrum AG | Printed in Germany

Anton und die Mädchen

Da kommt Anton.

Anton ist toll.

Anton hat einen Eimer.

Anton hat eine Schaufel.

Anton hat ein riesengroßes Auto.

Aber die Mädchen gucken nicht.

Anton kann hoch hüpfen.

Anton ist stark.

**Anton kann vorwärts
auf dem Bauch
die Rutsche
runterrutschen.**

Mit geschlossenen Augen.

Aber die Mädchen gucken immer noch nicht.

Anton ist sauer.

Anton baut etwas.

Anton baut ein Haus.

Anton baut das größte Haus der Welt.

Das Haus geht kaputt.

Anton weint.

Jetzt gucken die Mädchen.

Anton kriegt einen Keks.

Anton darf mitspielen.

Anton hat es gut.

Da kommt Lukas.

Anton kann zaubern

Da kommt Anton. Anton hat einen Zauberhut. Einen echten.

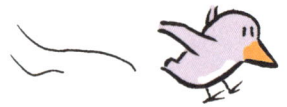

**Jetzt will Anton zaubern.
Er will etwas wegzaubern.**

Den Baum.

Anton guckt den Baum an.

Dann zaubert Anton.

Komisch, der Baum ist noch da.

Vielleicht ist der Baum zu groß.

Da ist ein Vogel. Der ist kleiner.

Anton zaubert.

Der Vogel ist weg!

Anton kann zaubern.

Da kommt Lukas.

»Ich kann zaubern«, ruft Anton.

»Kannst du nicht«, sagt Lukas.
»Kann ich doch«, sagt Anton.

»Kannst du nicht«, sagt Lukas.
»Ich zauber dich weg!«, sagt Anton.

Anton zaubert.

Lukas ist weg.

Anton hat Lukas weggezaubert.

Aber Lukas soll nicht weg sein.

Anton will Lukas wieder herzaubern.

**Aber das ist nicht Lukas.
Oder doch?**

»Bist du das, Lukas?«

Lukas soll nicht wegfliegen.

Da kommen die Mädchen.

Und Lukas.

Gretas Vogel ist weg. Nina hilft suchen. Lukas auch.

»Ich zauber den Vogel wieder her«, sagt Anton.
»Ha, ha«, sagt Lukas.

Dann zaubert Anton.

Der Vogel ist wieder da.

Anton kann zaubern.

Anton und die Blätter

Da ist Anton. Anton hat alle Blätter zusammengeharkt.

Moment, da ist noch eins.

Anton will das Blatt holen.

Da kommt der Wind.

Da ist Lukas.

Da ist das Blatt.

Und da ist Anton. »Festhalten!«, ruft Anton.

Lukas will helfen.

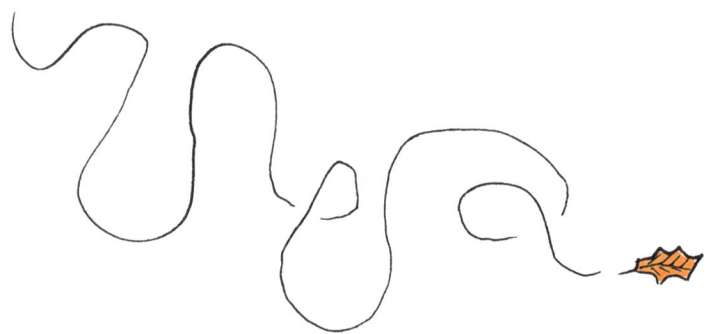

Da sind Greta und Nina.

**Da kommen die Jungs. »Halt!«, ruft Anton.
»Festhalten!«, ruft Lukas.**

Die Mädchen laufen mit.

Gleich haben sie das Blatt.

Oh. Das Blatt landet auf einem Baum.

Anton kommt nicht ran.

Anton und Lukas kommen nicht ran.

Greta und Nina helfen.

Gleich hat Anton das Blatt. Gleich …

Da kommt der Wind zurück.

Hinterher! Durch den Wald …

über die Wiese …

vorbei am Sandkasten …

vorbei an der Schaukel …

Gleich haben sie das Blatt. Gleich …

»Ich hab's!«, ruft Anton.
»Ich hab's!», ruft Lukas.

»Ich hab's!«, ruft Greta.
»Ich hab's!«, ruft Nina.

Und jetzt gibt's Saft und Kuchen.